Impressum
Verlag: BABADADA GmbH, Nedderfeld 112 , 22529 Hamburg
Geschäftsführer / Verlagsleitung: Harald Hof
Druck: Books on Demand GmbH, In de Tarpen 42, 22848 Norderstedt

Imprint
Publisher: BABADADA GmbH, Nedderfeld 112 , 22529 Hamburg, Germany
Managing Director / Publishing direction: Harald Hof
Print: Books on Demand GmbH, In de Tarpen 42, 22848 Norderstedt

# școală
# shule

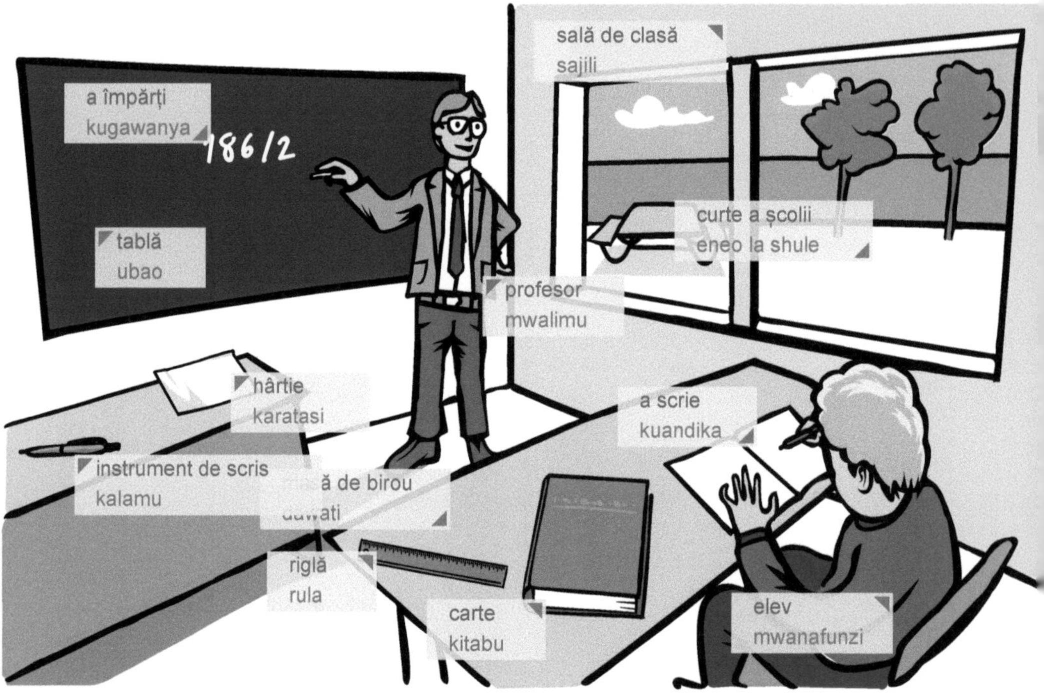

sală de clasă
sajili
a împărți
kugawanya
186/2
tablă
ubao
curte a școlii
eneo la shule
profesor
mwalimu
hârtie
karatasi
a scrie
kuandika
instrument de scris
kalamu
ă de birou
wati
riglă
rula
carte
kitabu
elev
mwanafunzi


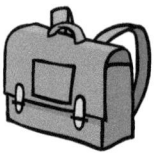

ghiozdan
mkoba

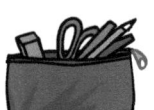

penar
kikasha cha penseli

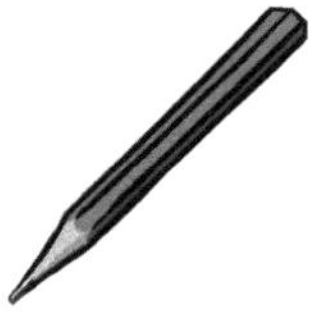

creion
penseli

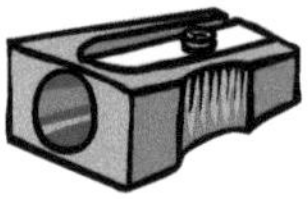

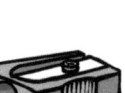

ascuțitoare
kichonga penseli

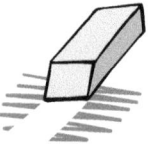

radieră
mpira

bloc de desen
pedi ya kuchora

desen

uchoraji

pensulă

brashi ya rangi

cutie de acuarele

sanduku la rangi

foarfece

mkasi

lipici

gundi

caiet de exerciţii

daftari

temă

kazi ya nyumbani

număr

nambari

2+2

a aduna

jumlisha

a scădea

ondoa

a multiplica

zidisha

a calcula

kokotoa

literă

barua

ABCDEFG
HIJKLMN
OPQRSTU
VWXYZ

alfabet

alfabeti

cuvânt

neno

text

maandishi

a citi

kusoma

cretă

chaki

oră

somo

catalog

sajili

examen

uchunguzi

certificat

cheti

uniformă şcolară

sare za shule

educaţie

elimu

enciclopedie

elezo

universitate

chuo kikuu

microscop

darubini

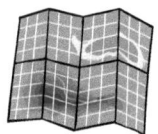

hartă

ramani

coş de gunoi

kikapu cha kuweka karatasi chafu

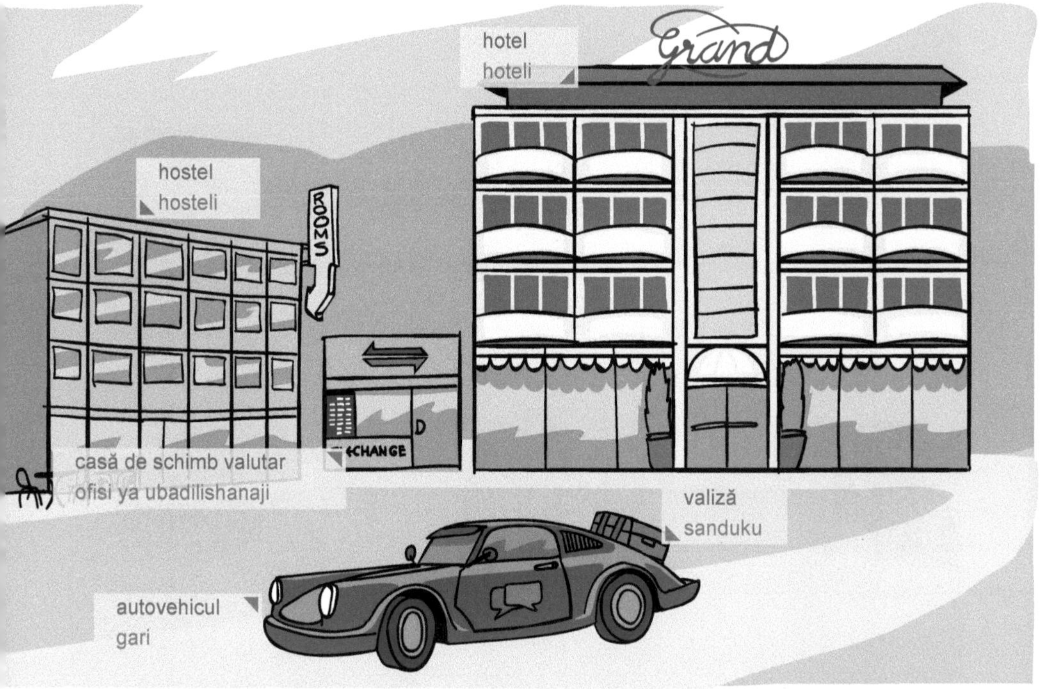
hotel
hoteli
Grand
hostel
hosteli
ROOMS
CHANGE
casă de schimb valutar
ofisi ya ubadilishanaji
valiză
sanduku
autovehicul
gari

limbă

lugha

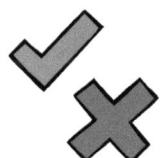

da/nu

ndiyo / la

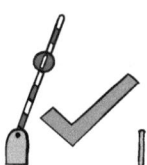

okay

sawa

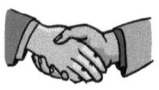

Bună!

hujambo

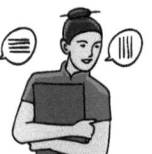

interpret

mtafsiri

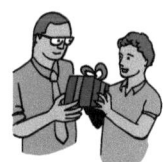

mulțumesc

Asante

**Cât costă...?**

kiasi gani ni ...?

**Nu înțeleg**

Sielewi

**problemă**

tatizo

**Bună seara!**

Jioni njema!

**Bună dimineața!**

Habari za asubuhi!

**Noapte bună!**

Usiku mwema!

**la revedere**

kwa heri

**direcție**

mwelekeo

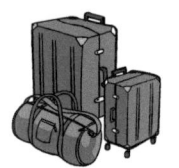

**bagaj**

mizigo

**geantă**

mfuko

**rucsac**

shanta

**oaspete**

mgeni

**cameră**

chumba

**sac de dormit**

begi la kulalia

**cort**

hema

punct de informare turistică

taarifa ya utalii

plajă

ufuo

carte de credit

kadi

mic dejun

kifunguakinywa

masa de prânz

chakula cha mchana

cină

chakula cha jioni

bilet de călătorie

tiketi

lift

kuinua

timbru poştal

muhuri

graniţă

mpaka

vamă

mila

ambasadă

ubalozi

viză

visa

paşaport

pasipoti

# transport
# usafiri

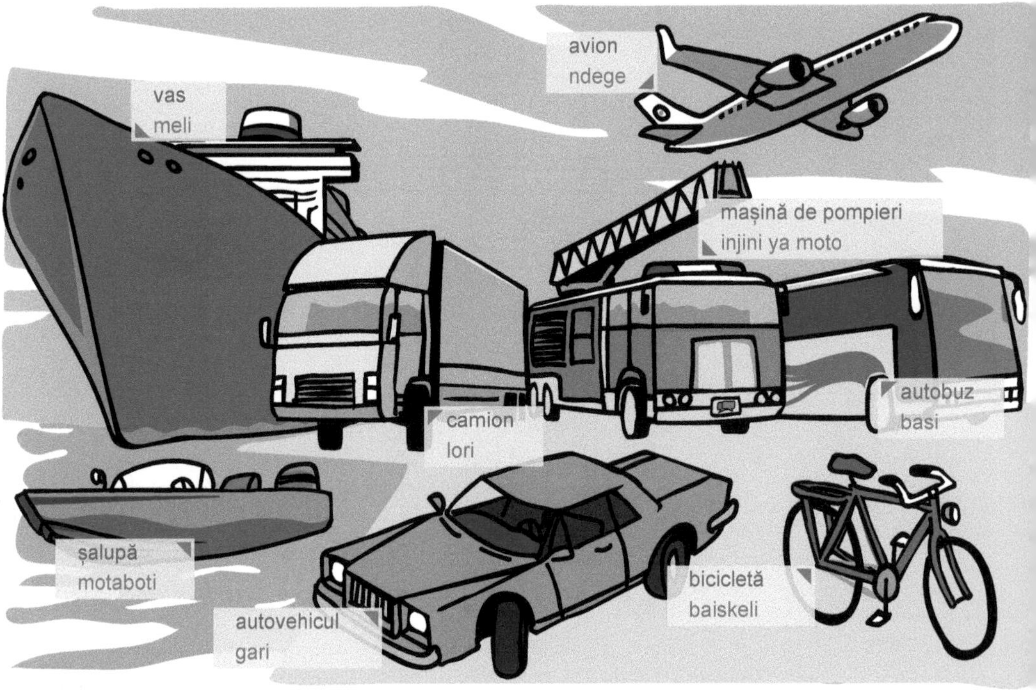
avion
ndege
vas
meli
mașină de pompieri
injini ya moto
autobuz
basi
camion
lori
șalupă
motaboti
bicicletă
baiskeli
autovehicul
gari

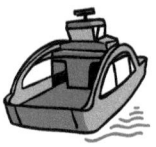

feribot
feri

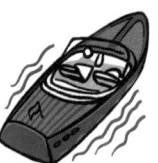

barcă
mashua

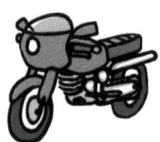

motocicletă
pikipiki

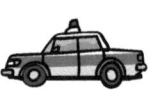

mașină de poliție
gari la polisi

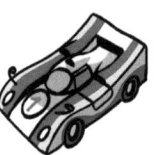

mașină de curse
gari la mashindano

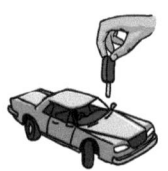

mașină închiriată
gari la kukodisha

car sharing

kushiriki gari

mașină de tractat

lori la kuvuta

mașină de gunoi

ukusanyaji taka

motor

motor

combustibil

mafuta

benzinărie

kituo cha mafuta

semn de circulație

ishara trafiki

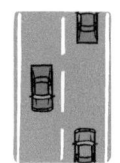

trafic

trafiki

ambuteiaj

msongamano

parcare

maegesho

gară

kituo cha treni

șine

reli

tren

garimoshi

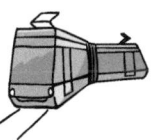

tramvai

tremu

vagon

gari la mizigo

elicopter

helikopta

aeroport

uwanja wa ndege

turn

mnara

pasager

abiria

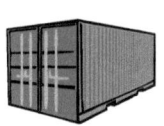

container

chombo

carton

katoni

căruță

mkokoteni

coș

kikapu

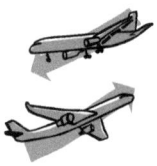

a decola/a ateriza

ondoka

## oraș

## jiji

sat

kijiji

centru

katikati ya jiji

casă

nyumba

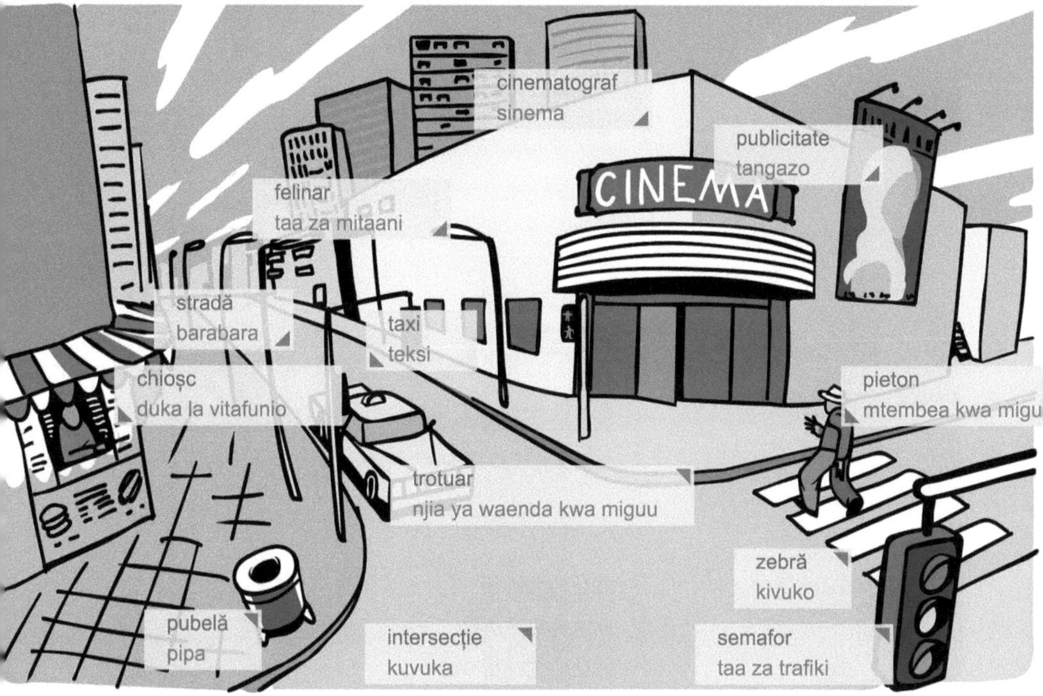

cinematograf
sinema

publicitate
tangazo

felinar
taa za mitaani

**CINEMA**

strada
barabara

taxi
teksi

chiosc
duka la vitafunio

pieton
mtembea kwa migu

trotuar
njia ya waenda kwa miguu

zebră
kivuko

pubelă
pipa

intersecţie
kuvuka

semafor
taa za trafiki

cabană
..................
kibanda

apartament
..................
gorofa

gară
..................
kituo cha treni

primărie
..................
ukumbi wa mji

muzeu
..................
Makavazi

şcoală
..................
shule

universitate

chuo kikuu

bancă

benki

spital

hospitali

hotel

hoteli

farmacie

duka la dawa

birou

ofisi

librărie

duka la kitabu

magazin

duka

florărie

duka la maua

supermarket

dukakuu

piață

soko

magazin universal

idara ya kuhifadhi

comerciant de pește

mwuza samaki

centru comercial

kituo cha ununuzi

port

bandari

oraș - jiji

parc

Hifadhi

bancă

benki

pod

daraja

trepte

vidato

metrou

chini ya ardhi

tunel

handaki

stație de autobuz

kituo cha mabasi

bar

bar

restaurant

mgahawa

cutie poștală

sanduku la posta

tăbliță indicatoare cu numele străzii

ishara ya barabara

parcometru

mita ya maegesho

grădină zoologică

bustani ya wanyama

piscină

kidimbwi cha kuogelea

moschee

msikiti

gospodărie țărănească
shamba

poluare
uchafuzi

cimitir
makaburini

biserică
kanisa

loc de joacă
uwanja wa michezo

templu
hekalu

# peisaj
# mazingira

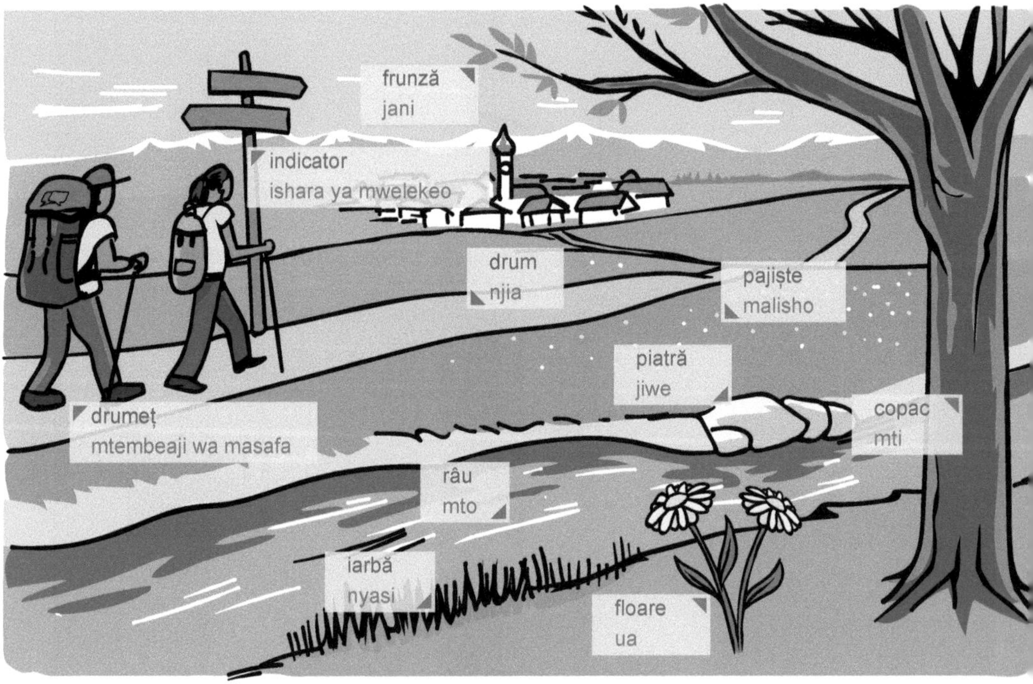

frunză
jani

indicator
ishara ya mwelekeo

drum
njia

pajiște
malisho

piatră
jiwe

drumeț
mtembeaji wa masafa

copac
mti

râu
mto

iarbă
nyasi

floare
ua

vale

bonde

deal

kilima

lac

ziwa

pădure

msitu

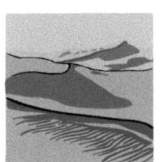
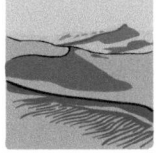

deșert

jangwa

vulcan

volkano

castel

ngome

curcubeu

upinde wa mvua

ciupercă

uyoga

palmier

mtende

țânțar

mbu

muscă

kuruka

furnică

chungu

albină

nyuki

păianjen

buibui

gândac

mende

broască

chura

veveriță

kuchakuro

arici

nungunungu

iepure

sungura

bufniță

bundi

pasăre

ndege

lebădă

swan

porc mistreț

nguruwe mwitu

cerb

kulungu

elan

aina ya kongoni

dig

bwawa

turbină eoliană

tabo ya upepo

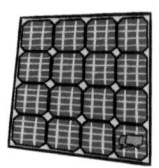

panou solar

nishaji ya jua

climă

hali ya hewa

# restaurant
# mgahawa

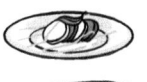

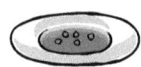

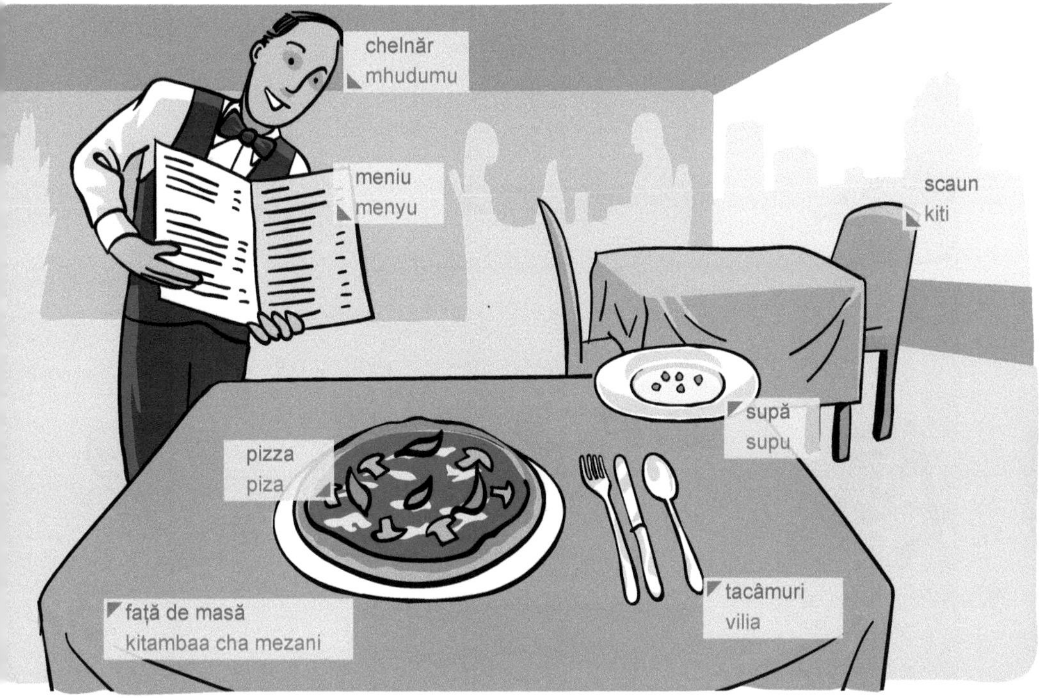
chelnăr
mhudumu
meniu
menyu
scaun
kiti
supă
supu
pizza
piza
tacâmuri
vilia
față de masă
kitambaa cha mezani

antreu

kiamsha hamu

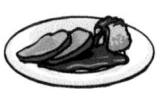

fel principal

kozi kuu

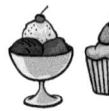

desert

kitindamlo

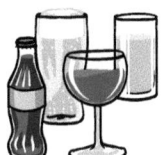

băuturi

vinywaji

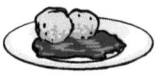

mâncare

chakula

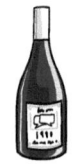

sticlă

chupa

fastfood

chakula cha haraka

streetfood

Streetfood

ceainic

buli

zaharniță

kisanduku cha sukari

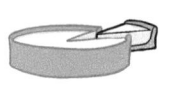

porție

sehemu

espressor

mashine ya espresso

scaun înalt (pentru copii)

kiti kirefu

factură

muswada

tavă

trei

cuțit

kisu

furculiță

uma

lingură

kijiko

linguriță

kijiko cha chai

șervețel

nepi

pahar

glasi

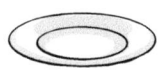

farfurie

sahani

farfurie de supă

sahani ya supu

farfurie

sufuria

sos

mchuzi

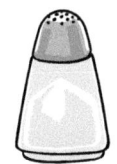

solniță

kichanyaji chumvi

râșniță de piper

kinu cha pilipili

oțet

siki

ulei

mafuta

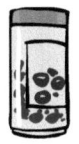

condimente

viungo

ketchup

kechapu

muștar

haradali

maioneză

kachumbari nzito

# supermarket
# dukakuu

ofertă
ofa maalum
FOR
client
mteja
produse lactate
maziwa
fructe
matunda
cărucior de cumpărături
toroli


BUTCHERS


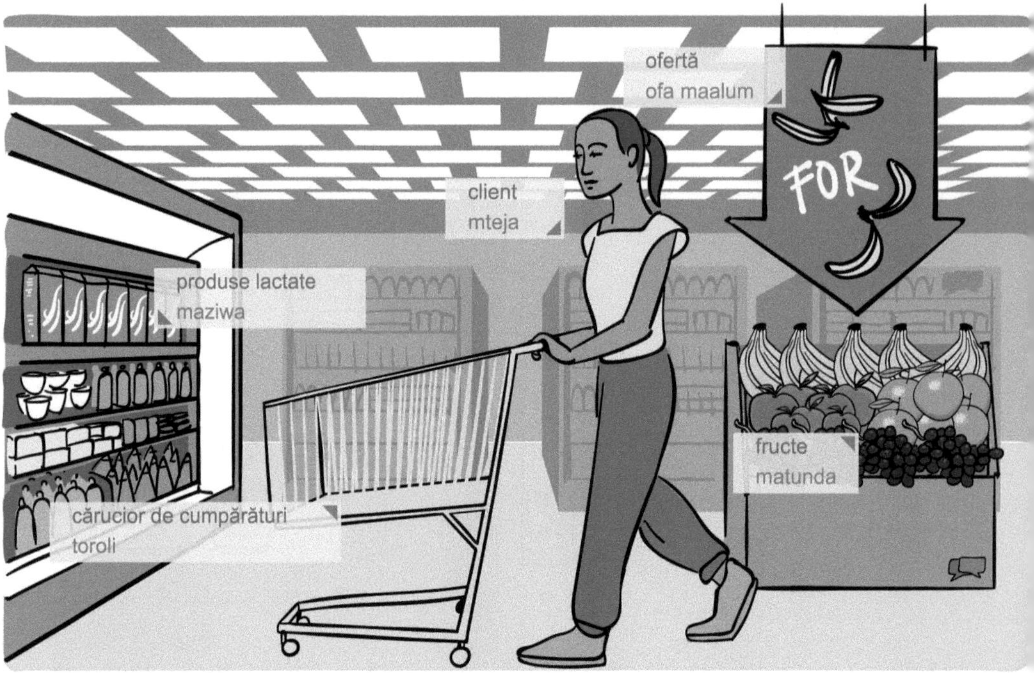

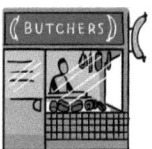

măcelărie

mchinjaji

BAKERY


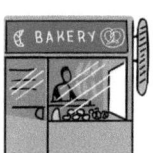

brutărie

mwokaji

a cântări

uzito

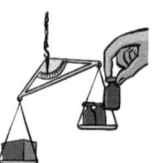

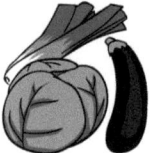

legume

mboga

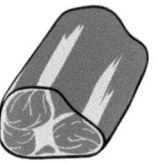

carne

nyama

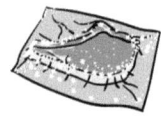

alimente refrigerate

chakula waliohifadhiwa

mezeluri și brânzeturi feliate

vipande vya nyama baridi

conserve

chakula cha kopo

detergent

sabuni ya unga

dulciuri

pipi

articole de menaj

bidhaa za kaya

produse de curățenie

bidhaa za kusafisha

vânzătoare

mtu mauzo

casă

mpaka

casier

keshia

listă de cumpărături

orodha ya manunuzi

orar

masaa ya ufunguzi

portmoneu

mkoba

carte de credit

kadi

geantă

mfuko

pungă de plastic

mfuko wa plastiki

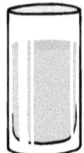

apă
.................
maji

suc
.................
sharubati

lapte
.................
maziwa

cola
.................
coke

vin
.................
mvinyo

bere
.................
bia

alcool
.................
pombe

cacao
.................
kakao

ceai
.................
chai

cafea
.................
kahawa

espresso
.................
spreso

cappucino
.................
kapuchino

banane

ndizi

măr

tufaha

portocală

machungwa

pepene

tikiti

lămâie

lemon

morcov

karoti

usturoi

kitunguu saumu

bambus

mianzi

ceapă

kitunguu

ciupercă

uyoga

nuci

karanga

paste făinoase

nudo

spagheti
spageti

orez
mpunga

salată
saladi

cartofi prăjiți
vibanzi

cartofi țărănești
viazi vya kukaanga

pizza
piza

hamburger
hambaga

sandwich
sandwichi

șnițel
kipande

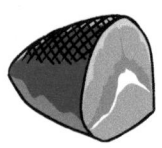

șuncă
paja la mnyama

salam
salami

cârnați
soseji

pui
kuku

friptură
choma

pește
samaki

fulgi de ovăz

oats ya uji

musli

muesli

cereale

cornflakes

făină

unga

corn

kroisanti

chifle

andazi

pâine

mkate

pâine prăjită

mkate wa kubanika

biscuiți

biskuti

unt

siagi

brânză de vaci

maziwa mgando

prăjitură

keki

ou

yai

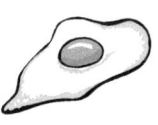

ouă ochiuri

yai kukaanga

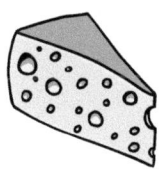

brânză

jibini

îngheţată

aiskrimu

zahăr

sukari

miere

asali

marmeladă

jemu

cremă nuga

kuenea kwa chokoleti

curry

mchuzi wa viungo

# gospodărie ţărănească
# shamba

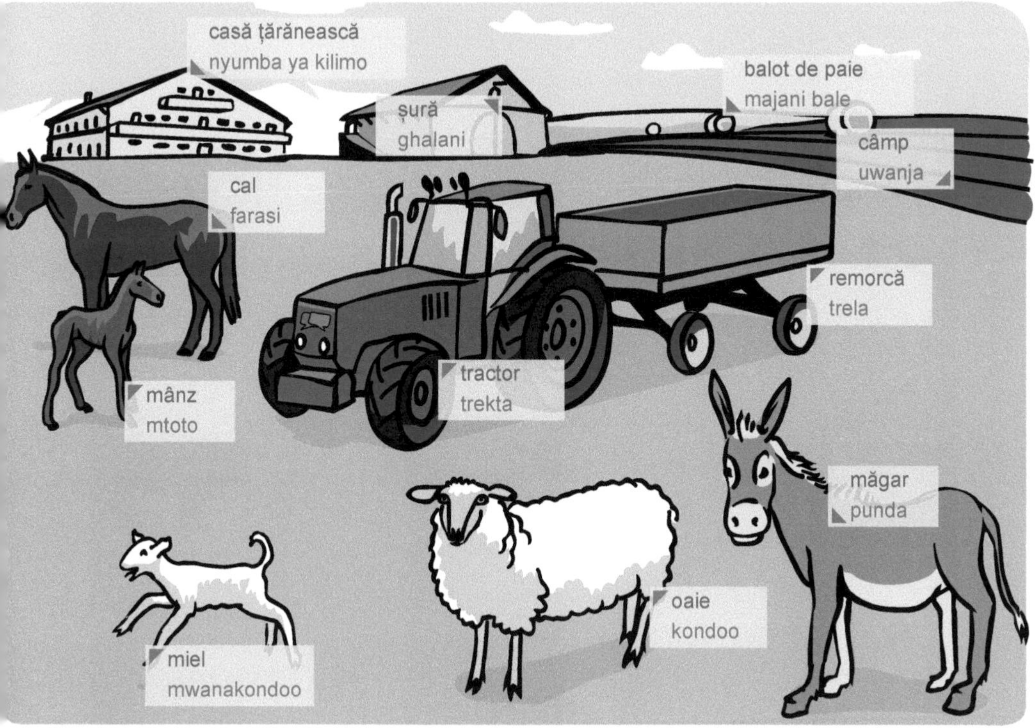

casă ţărănească
nyumba ya kilimo
şură
ghalani
balot de paie
majani bale
câmp
uwanja
cal
farasi
remorcă
trela
tractor
trekta
mânz
mtoto
măgar
punda
oaie
kondoo
miel
mwanakondoo


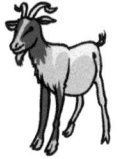

capră
mbuzi

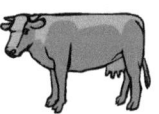

vacă
ng'ombe

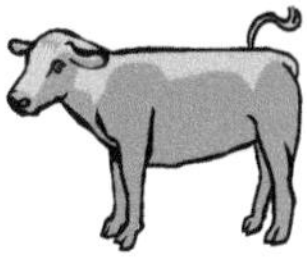
viţel
ndama

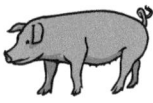

porc
nguruwe

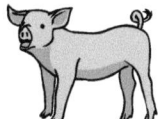

purcel
mwananguruwe

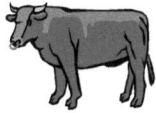

taur
fahali

găină

batabukini

rață

bata

pui

kifaranga

găină

kuku

cocoș

jogoo

șobolan

panya

pisică

paka

șoarece

panya

bou

ng'ombe

câine

mbwa

cușcă

nyumba ya mbwa

furtun de grădină

bomba la bustani

stropitoare

debe la kumwagilia maji

coasă

fyekeo

plug

kulima

seceră

mundu

sapă

jembe

furcă

uma wa nyasi

secure

shoka

roabă

toroli

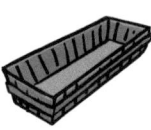

troacă

kupitia nyimbo

cană pentru lapte

chombo cha maziwa

sac

gunia

gard

ua

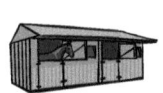

grajd

imara

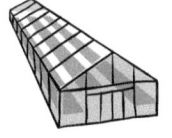

seră

chafu

sol

udongo

sămânță

mbegu

fertilizator

mbolea

combină de treierat

kivunaji

gospodărie țărănească - shamba

a culege

mavuno

recoltă

mavuno

cartof yam

viazi vikuu

grâu

ngano

soia

soya

cartof

viazi

porumb

mahindi

rapiță

rapa

pom fructifer

mti wa matunda

manioc

muhogo

cereale

nafaka

# casă

# nyumba

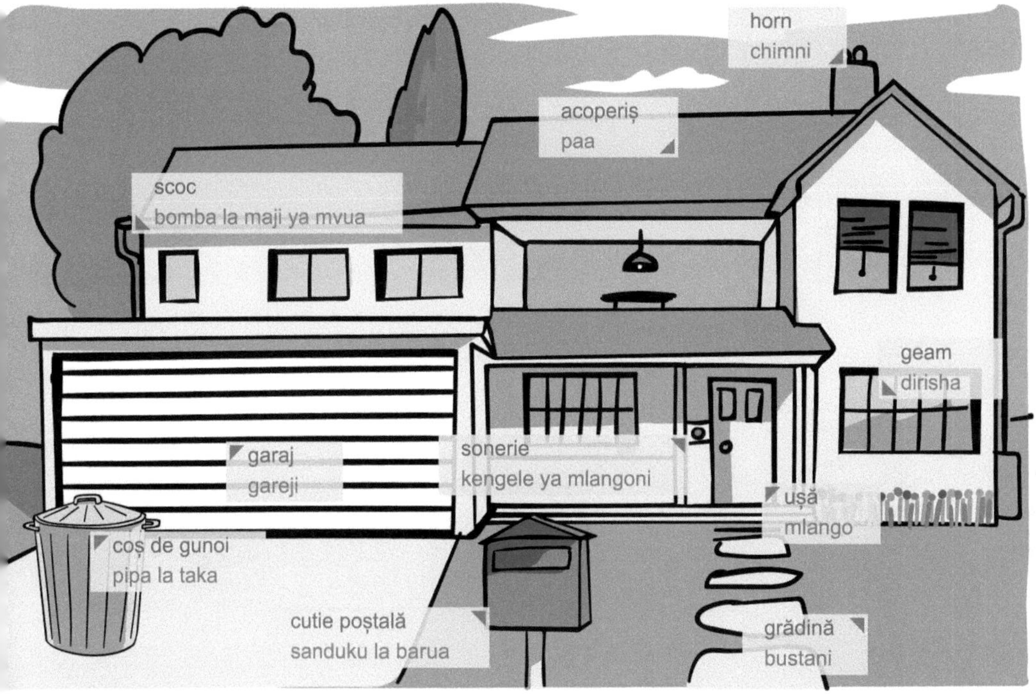
horn
chimni
acoperiș
paa
scoc
bomba la maji ya mvua
geam
dirisha
garaj
gareji
sonerie
kengele ya mlangoni
ușă
mlango
coș de gunoi
pipa la taka
cutie poștală
sanduku la barua
grădină
bustani

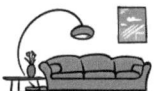

cameră de zi
sebuleni

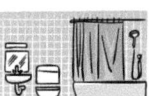

baie
bafu

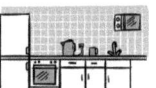

bucătărie
jikoni

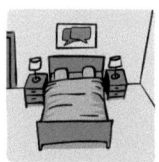

dormitor
chumba cha kulala

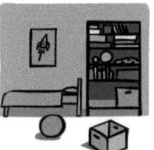

camera copiilor
chumba ya mtoto

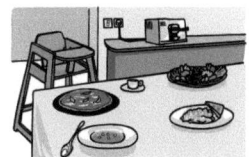

sufragerie
chumba cha kulia

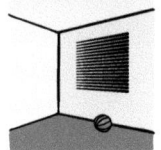

podea

sakafu

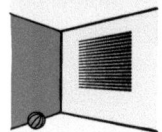

perete

ukuta

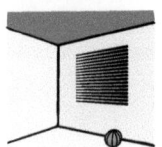

tavan

dari

pivniță

pishi

saună

sauna

balcon

roshani

terasă

mtaro

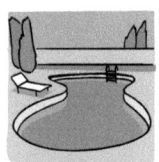

piscină

kidimbwi

mașină de tuns iarba

mashine ya kukata nyasi

cearșaf

karatasi

cuvertură

kitambaa cha kupamba
kitanda

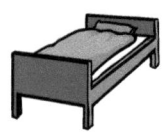

pat

kitanda

mătură

ufagio

găleată

ndoo

întrerupător

kubadili

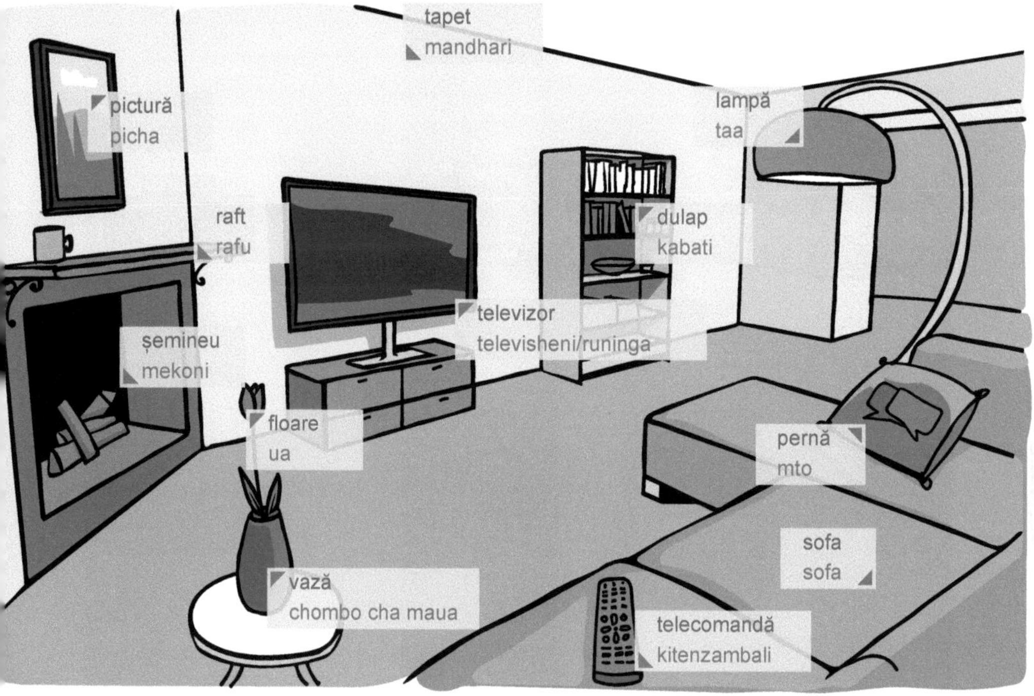

tapet
mandhari

pictură
picha

lampă
taa

raft
rafu

dulap
kabati

șemineu
mekoni

televizor
televisheni/runinga

floare
ua

pernă
mto

sofa
sofa

vază
chombo cha maua

telecomandă
kitenzambali

covor
zulia

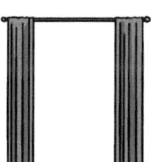

perdea
pazia

masă
meza

scaun
kiti

balansoar
kiti cha bembea

fotoliu
armchair

carte

kitabu

pătură

blanketi

decoraţiune

mapambo

lemn de foc

kuni

film

filamu

instalaţie stereo

kifaa cha hi-fi

cheie

ufunguo

ziar

gazeti

desen

uchoraji

poster

bango

radio

redio

caiet de notiţe

daftari

aspirator

kifyonza

cactus

dungusi kakati

lumânare

mshumaa

# bucătărie
# jikoni

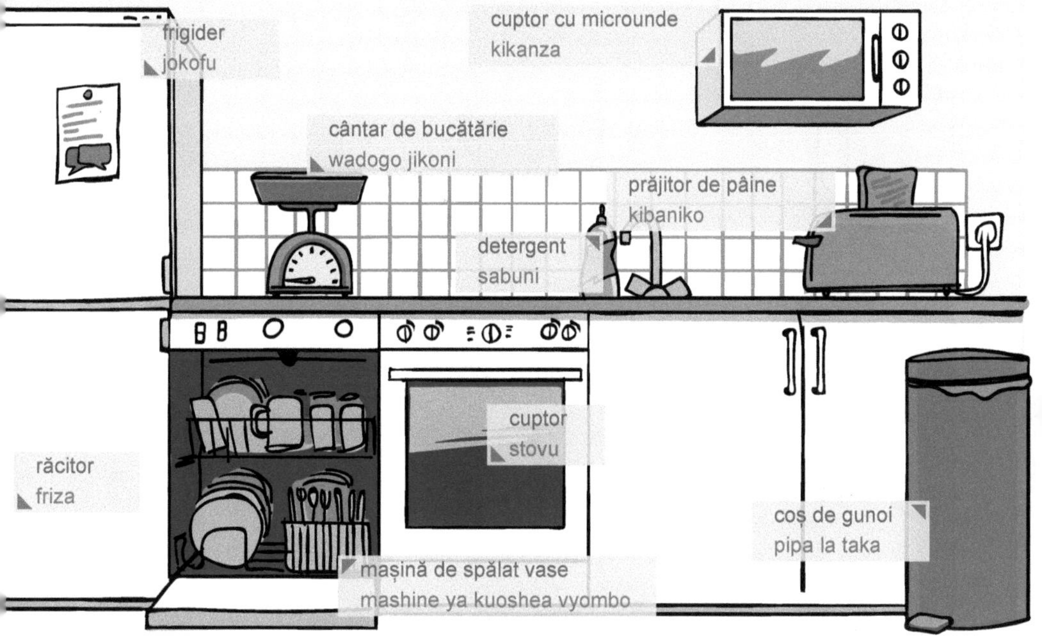

frigider
jokofu
cuptor cu microunde
kikanza
cântar de bucătărie
wadogo jikoni
prăjitor de pâine
kibaniko
detergent
sabuni
cuptor
stovu
răcitor
friza
coș de gunoi
pipa la taka
mașină de spălat vase
mashine ya kuoshea vyombo


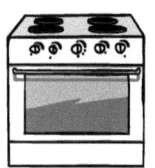

cuptor

jiko la kupika

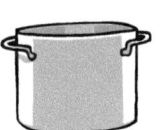

oală

chungu

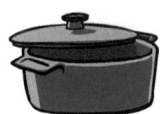

oală de metal

sufuria ya chuma

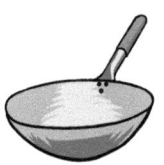

wok/kadai

wok / kadai

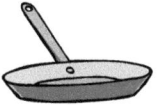

tigaie

kaango

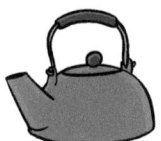

ceainic

birika

oală de gătit cu aburi

stima

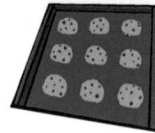

tavă de copt

sinia ya kuoka

veselă

vyombo vya udongo

pahar

kombe

bol

bakuli

bețișoare

vijiti vya kulia

polonic

ukawa

spatulă

mwiko mpana

tel

burashi

sită

kichujio

sită

chujio

răzătoare

mbuzi

mojar

chokaa

grătar

barbeque

loc pentru grătar

moto wazi

tocător

ubao wa majaribio

sucitor

kijiti cha kusukuma unga

tirbușon

kizibuo

conservă

kopo

deschizător de conserve

inaweza kopo

șervete termice

kishikio cha chungu

chiuvetă

karo

perie

brashi

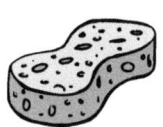

burete

sifongo

mixer

kisagaji matunda

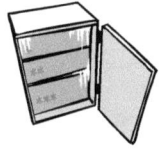

ladă frigorifică

friji ya kina

biberon

chupa ya mtoto

robinet

bomba

# baie

## bafu

începzire
joto

duș
mfereji wa kuogea

prosop
taulo

baie cu spumă
maji ya kuoga yenye povu

perdea de duș
pazia la kuogea

cadă
hodhi

pahar
glasi

mașină de spălat
mashine ya kuosha

robinet
bomba

gresie
vigae

oală de noapte
poti

chiuvetă
karo

toaletă

choo

toaletă turcescă

choo cha squat

bideu

beseni la mviringo

pisoir

choo cha umma

hârtie igienică

shashi

perie de toaletă

brashi ya choo

periuță de dinți

mswaki

pastă de dinți

dawa ya meno

ață dentară

dawa ya meno

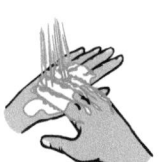

a spăla

safisha

cap de duș

kuoga mkono

duș intim

msukumo wa maji

lavoar

bonde

perie pentru spate

mpako wa pili

săpun

sabuni

gel de duș

jeli ya kuogea

șampon

shampuu

cârpă de spălat

flana

scurgere

toa maji

cremă

krimu

deodorant

kiondoa harufu

oglindă

kioo

oglindă cosmetică

kioo mkono

aparat de ras

kinyozi

spumă de ras

povu la kunyoa

aftershave

baada ya kunyoa

pieptene

kichana

perie

brashi

uscător de păr

kikausha nywele

fixator

marashi ya nyewele

machiaj

vipodozi

ruj

kidomwa

lac de unghii

varnish ya msumari

vată

pamba

foarfece de unghii

mkasi wa kucha

parfum

manukato

neseser

mkoba wa kuosha

taburet

kinyesi

cântar

mizani

halat de baie

nguo ya kuoga

mănuși de cauciuc

glavu za mpira

tampon

kisodo

tampon

sodo

toaletă chimică

kemikali choo

# camera copiilor
# chumba ya mtoto

ceas deșteptător
saa ya kengele
jucărie de pluș
kidoli cha kupakata
mașină de jucărie
gari bandia
morișcă
kelele
casă de păpuși
chumba cha midoli
cadou
sasa

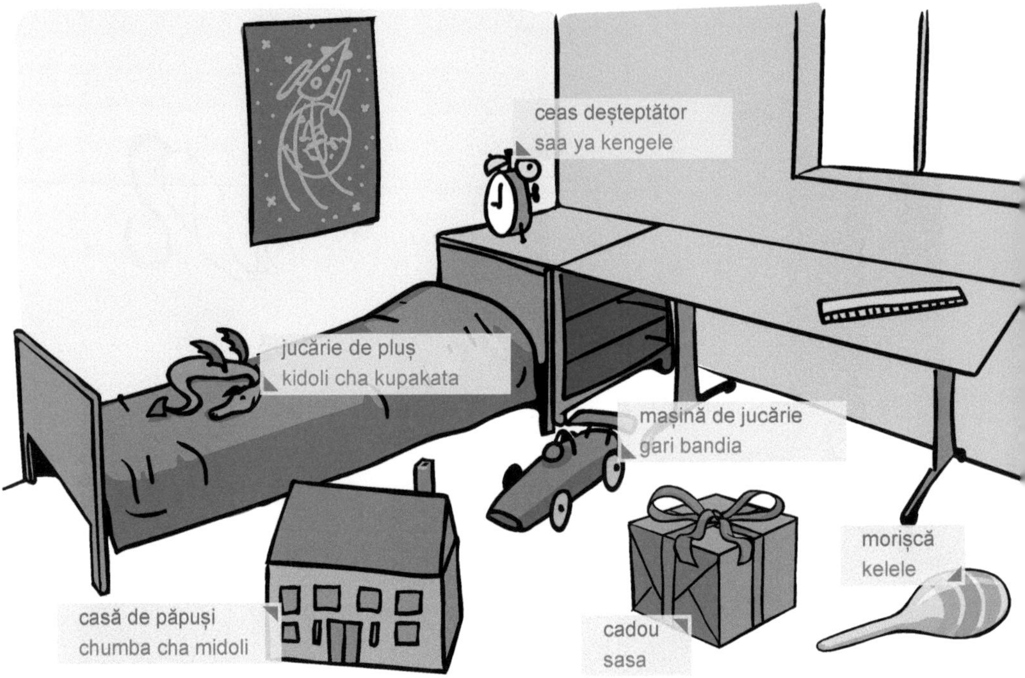

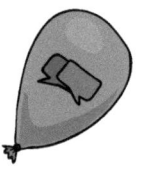

balon

baluni

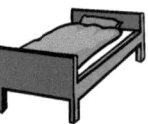

pat

kitanda

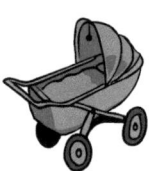

cărucior de copii

mashua

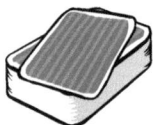

joc de cărți

staha ya kadi

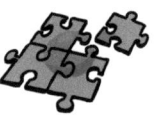

puzzle

mchezo-fumb

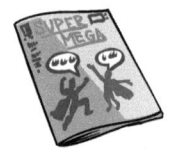

revistă de benzi desenate

vichekesho

cuburi lego

matofali lego

piese pentru construcții

vitalu mwigo

personaj din filmele de acţiune

hatua takwimu

body

suti ya kulalia

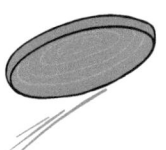

frisbee

kisahani

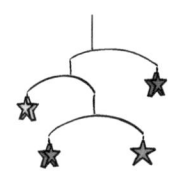

mobil

simu

joc de societate

ubao wa michezo

zar

kete

set trenuleț de jucărie

garimoshi mwigo

suzetă

dummy

petrecere

chama

carte cu poze

picha kitabu

minge

mpira

păpușă

kikaragosi

a se juca

kucheza

groapă de nisip

shimo la mchanga

leagăn

bembea

jucării

vitu bandia

consolă video

kiweko cha video ya mchezo

tricicletă

baiskeli ya magurudumu

matatu

ursuleţ

mwanasesere

dulap

kabati

şosete

soksi

ciorapi

stokingi

dres

kibano

șal
skafu

curea
ukanda

umbrelă
mwavuli

tricou
fulana

pantofi sport
wakufunzi

cizme
viatu

papuci
ndara

sandale

malapa

încălțăminte

viatu

cizme de cauciuc

mabuti ya mpira

chilot

suruali ya ndani

sutien

sidiria

maiou

fulana

body

mwili

pantaloni

suruali

blugi

dangirizi

fustă

sketi

bluză

blauzi

cămașă

shati

pulover

vuta

jerseu

sweta

sacou

bleza

jachetă

jaketi

palton

koti

pelerină de ploaie

koti la mvua

costum

maleba

rochie

gauni

rochie de mireasă

mavazi ya harusi

costum

suti

cămașă de noapte

vazi la usiku

pijama

pajama

sari

sari

batic

skafu

turban

kilemba

burka

burka

caftan

kaftan

abaya

abaya

costum de baie

vazi la kuogelea

șort

vazi la kiume la kuogelea

pantaloni scurți

kaptura

trening

teitei

șorț

aproni

mănuși

glavu

nasture

kifungo

ochelari

glasi

brăţară

bangili

lanţ

mkufu

inel

pete

cercel

herini

căciulă

kofia

umeraş

kiango cha koti

pălărie

kofia

cravată

tai

fermoar

zipu

cască

kofia

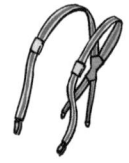

bretele

kanda za suruali

uniformă şcolară

sare za shule

uniformă

sare

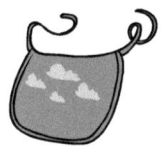

bavețică

bibu

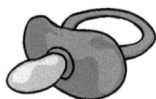

suzetă

dummy

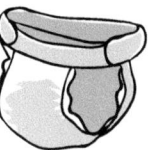

scutec

nepi

# birou
# ofisi

server
seva
dulap de acte
kabati la kuweka faili
hârtie
karatasi
imprimantă
kichapishaji
monitor
kiwambo
masă de birou
dawati
mouse
kipanya
fișier
folda
tastatură
kibodi
e gunoi
u cha kuweka karatasi chafu
computer
kompyuta
scaun
kiti

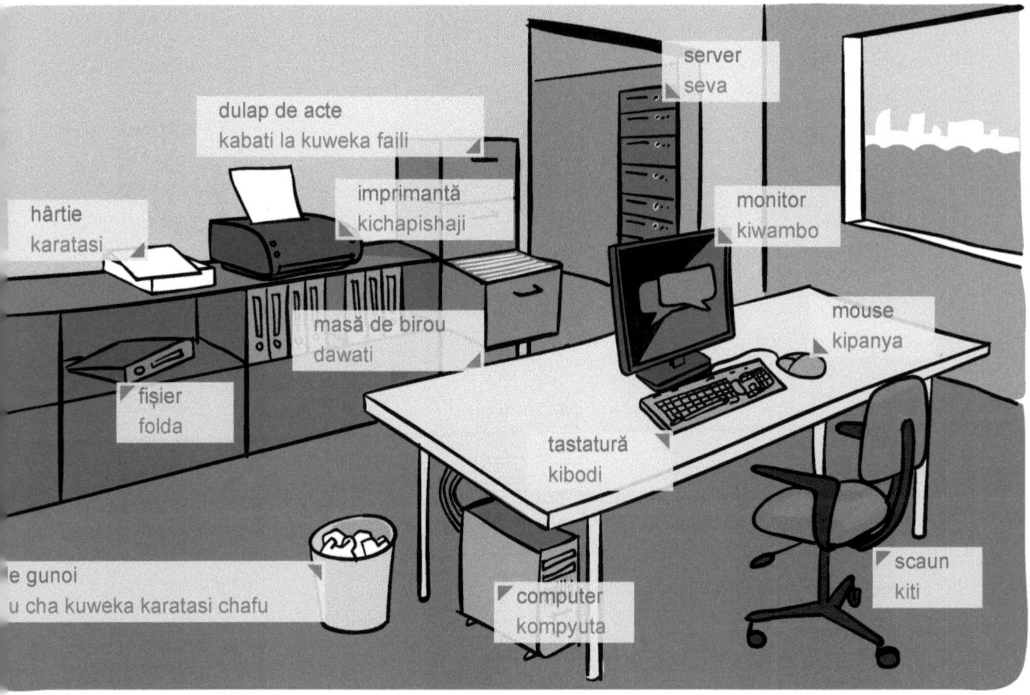

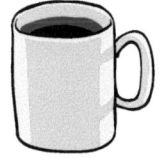

ceașcă de cafea

kmobe la kahawa

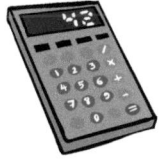

calculator

kikokotoo

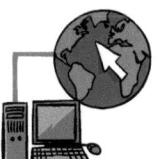

internet

biashara

laptop

mbali

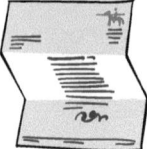

scrisoare

barua

mesaj

ujumbe

telefon mobil

rununu

rețea

intaneti

copiator

fotokopia

software

programu

telefon

simu

priză

soketi

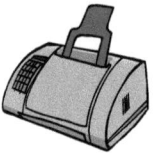

fax

kipepesi

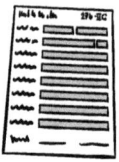

formular

fomu

document

hati

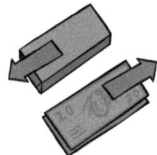

a cumpăra

kununua

a plăti

kulipa

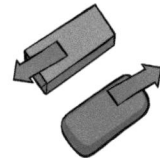

a face comerţ

biashara

bani

fedha

Dolar

dola

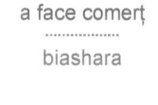

Euro

yuro

Yen

yeni

Rublă

rouble

Franc Elveţian

faranga ya Uswisi

renminbi yuan

renminbi yuan

Rupie

rupia

bancomat

eneo la kulipia

casă de schimb valutar

ofisi ya ubadilishanaji

aur

dhahabu

argint

fedha

petrol

mafuta

energie

nishati

preț

bei

contract

mkataba

impozit

kodi

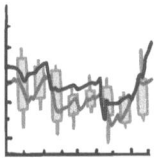

acțiune

bidhaa

a munci

kazi

angajat

mfanyakazi

angajator

mwajiri

fabrică

kiwanda

magazin

duka

polițist
afisa wa polisi

pompier
mzimamoto

bucătar
mpishi

medic
daktari

pilot
rubani

grădinar

mtunza bustani

tâmplar

seremala

cusătoreasă

mshonaji

judecător

hakimu

chimist

mwanakemia

actor

muigizaji

şofer de autobuz

dereva wa basi

şofer de taxi

dereva wa teksi

pescar

mvuvi

femeie de serviciu

mwanamke wa kusafisha

tinichigiu

mwezekaji

chelnăr

mhudumu

vânător

mwindaji

pictor

mchoraji

brutar

mwokaji

electrician

umeme

muncitor în construcţii

mjenzi

inginer

mhandisi

măcelar

mchinjaji

instalator

fundi bomba

poştaş

mwanaposta

ocupaţii - kazi

soldat

mwanajeshi

arhitect

msanifu majengo

casier

keshia

florar

muuza maua

frizer

msusi

controlor

kondakta

mecanic

mekanika

căpitan

nahodha

stomatolog

daktari wa meno

om de știință

mwanasayansi

rabin

rabbi

imam

imamu

călugăr

mtawa

preot

kasisi

# instrumente

# zana

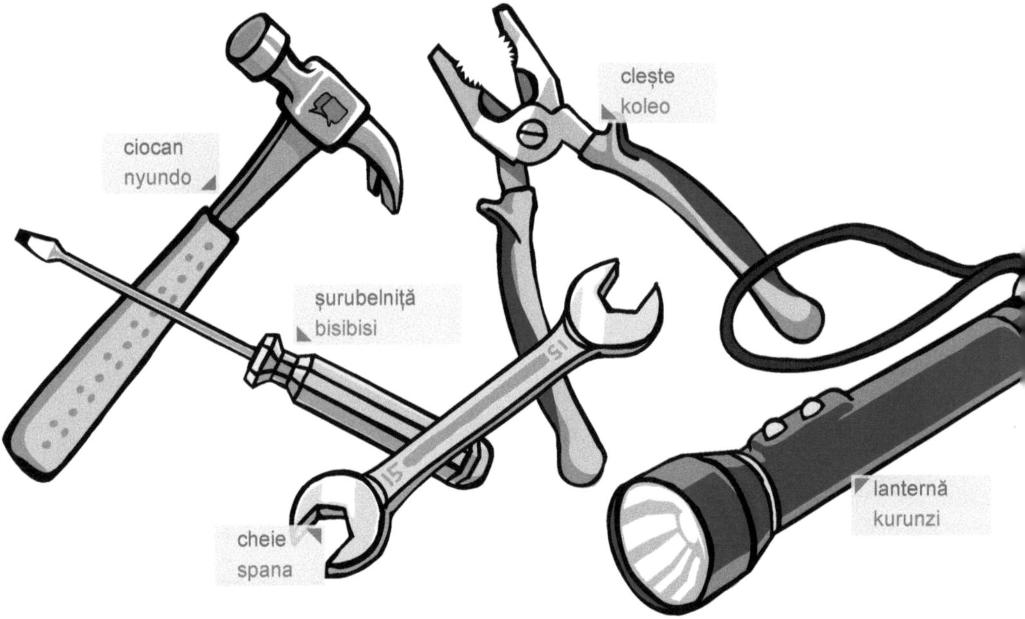

ciocan
nyundo
cleşte
koleo
şurubelniţă
bisibisi
lanternă
kurunzi
cheie
spana


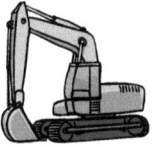

excavator

mchimbaji

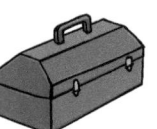

cutie de scule

sanduku la vifaa

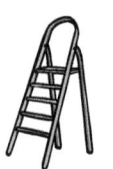

scară

ngazi

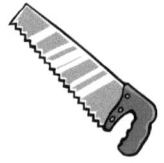

ferăstrău

msumeno

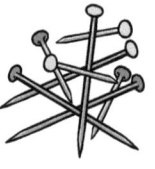

cuie

misumari

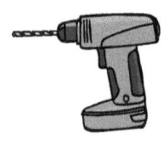

burghiu

kuchimba visima

a repara

kukarabati

lopată

sepetu

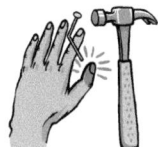

La naiba!

Lo!

făraș

kishikio cha uchafu

vas pentru vopsea

chungu cha rangi

șuruburi

skurubu

## instrumente muzicale
## ala za muziki

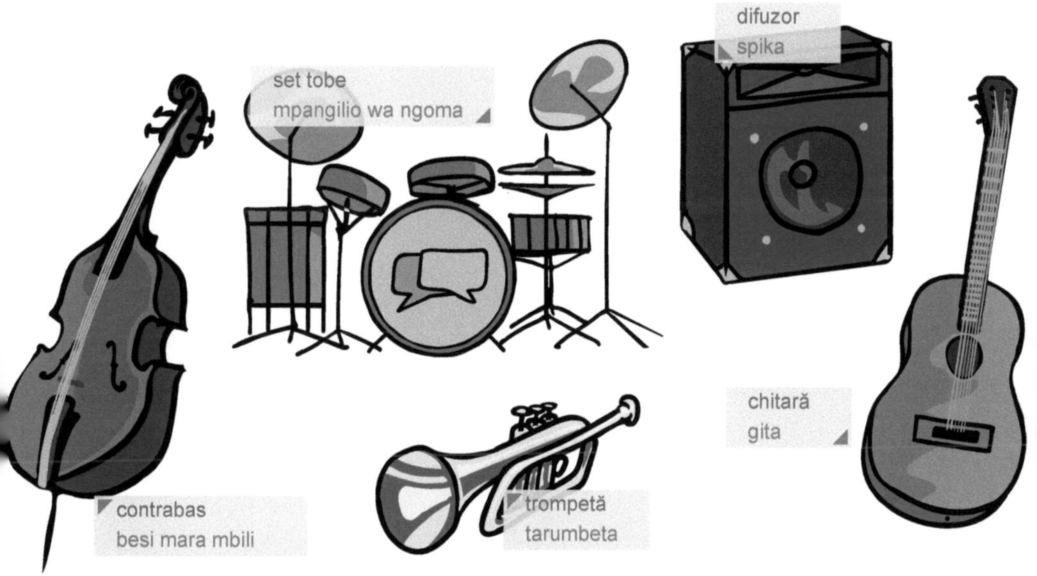

set tobe
mpangilio wa ngoma

difuzor
spika

chitară
gita

contrabas
besi mara mbili

trompetă
tarumbeta

pian

piano

vioară

fidla

bas

ubeji

trombon

timpani

tobă

ngoma

keyboard

kibodi

saxofon

saksafoni

fluier

filimbi

microfon

maikrofoni

# grădină zoologică
# bustani ya wanyama

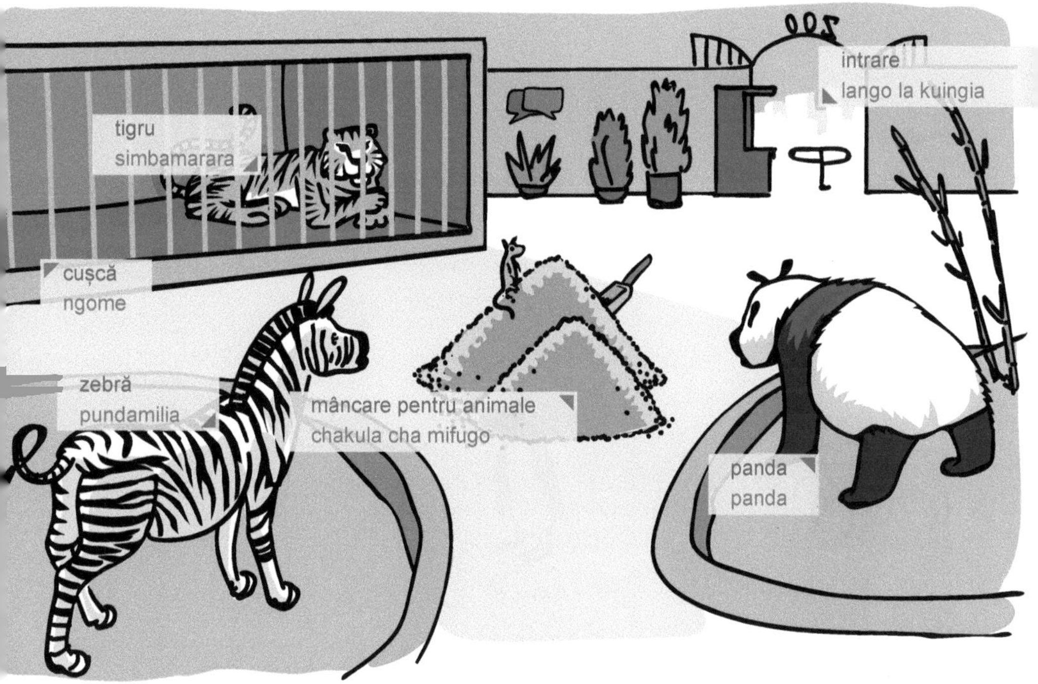

intrare
lango la kuingia
tigru
simbamarara
cușcă
ngome
zebră
pundamilia
mâncare pentru animale
chakula cha mifugo
panda
panda


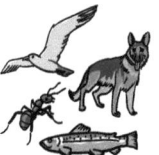

animale
wanyama

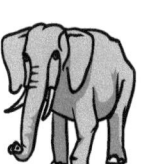

elefant
tembo

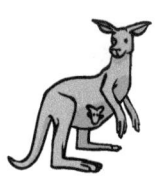

cangur
kangaruu

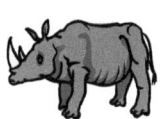

rinocer
kifaru

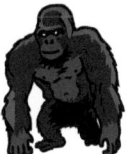

gorilă
sokwe

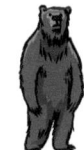

urs
dubu

cămilă

ngamia

struț

mbuni

leu

simba

maimuță

tumbili

flamingo

heroe

papagal

kasuku

urs polar

dubu

pinguin

penguini

rechin

papa

păun

tausi

șarpe

nyoka

crocodil

mamba

îngrijitor grădina zoologică

mtunza wanyama

focă

muhuri

jaguar

jaguar

ponei

mwanafarasi

leopard

chui

hipopotam

kiboko

girafă

twiga

acvilă

tai

porc mistreț

nguruwe mwitu

pește

samaki

broască țestoasă

kobe

morsă

sili

vulpe

mbweha

gazelă

paa

fotbal american
soka ya marekani

ciclism
uendeshaji baiskeli

tenis
tenisi

basketball
mpira wa kikapu

înot
kuogelea

box
ndondi

hockey pe gheață
magongo ya barafuni

fotbal
soka

badminton
vinyoya

atletism
riadha

handbal
mpira wa mikono

schi
skii

polo
polo

a sări
kuruka

a râde
cheka

a îmbrățișa
kumbatia

a merge
kutembea

a cânta
kuimba

a visa
ota ndoto

a se ruga
kuomba

a săruta
busu

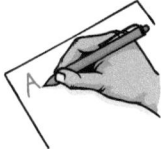

a scrie
·············
kuandika

a desena
·············
kuteka

a arăta
·············
angalia

a împinge
·············
sukuma

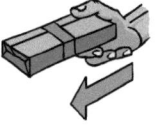

a da
·············
kutoa

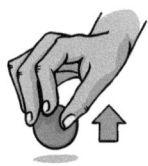

a lua
·············
kuchukua

a avea
kuwa

a face
fanya

a fi
kuwa

a sta în picioare
kusimama

a fugi
kukimbia

a trage
vuta

a arunca
kutupa

a cădea
kuanguka

a sta întins
hadaa

a aștepta
kusubiri

a purta
kubeba

a ședea
kukaa

a se îmbrăca
vaa nguo

a dormi
usingizi

a se trezi
kuamka

a privi

kuangalia

a plânge

lia

a mângâia

kiharusi

a se pieptăna

chana nywele

a vorbi

ongea

a înțelege

kuelewa

a întreba

kuuliza

a asculta

kusikiliza

a bea

kunywa

a mânca

kula

a face ordine

nadhifisha

a iubi

upendo

a găti

mpishi

a conduce

gari

a zbura

kuruka

a naviga

meli

a calcula

kokotoa

a citi

kusoma

a învăţa

kujifunza

a munci

kazi

a se căsători

kuoa

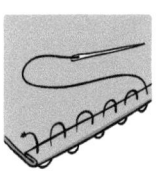

a coase

kushona

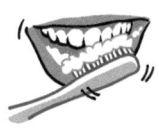

a se spăla pe dinţi

piga mswaki

a ucide

kuua

a fuma

moshi

a trimite

kutuma

# familie
# familia

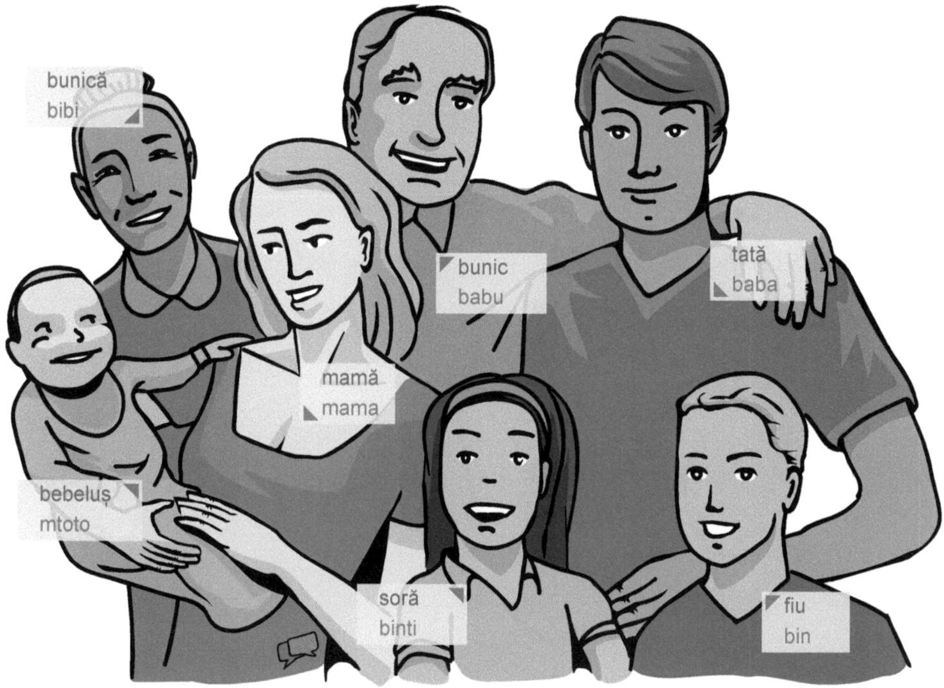

bunică
bibi
bunic
babu
tată
baba
mamă
mama
bebeluș
mtoto
soră
binti
fiu
bin


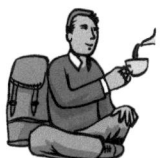

oaspete

mgeni

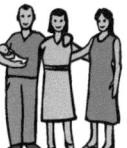

mătușă

shangazi

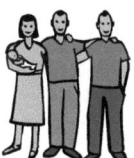

unchi

mjomba

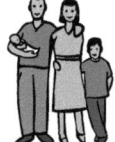

frate

kaka

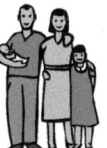

soră

dada

# corp

# mwili

frunte
paji la uso
ochi
jicho
umăr
bega
deget
kidole
față
uso
bărbie
kidevu
mână
mkono
picior
mguu
piept
matiti
braț
mkono


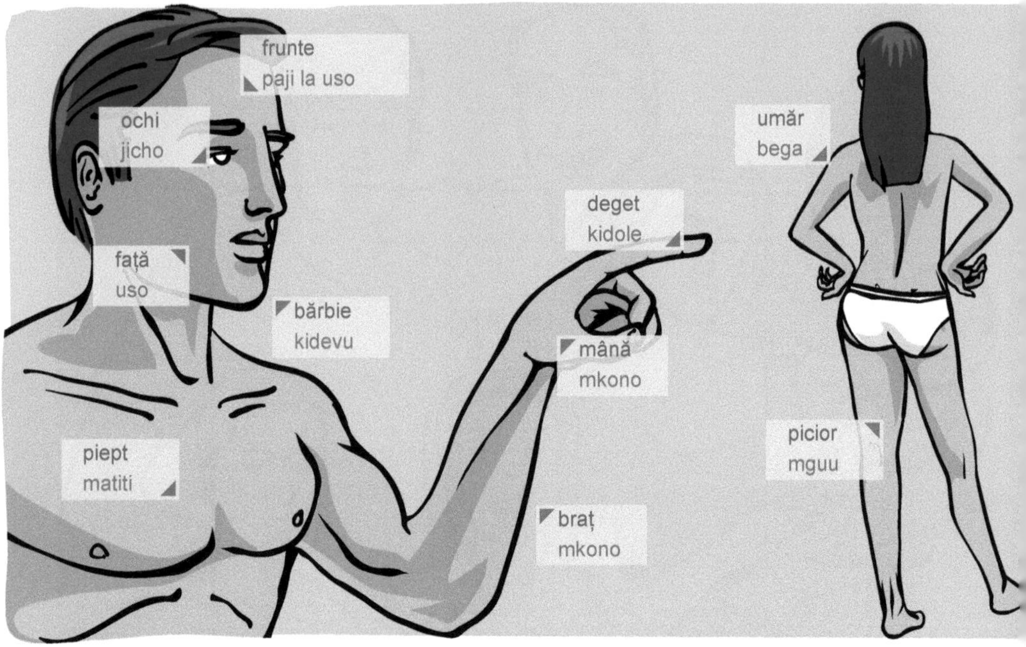

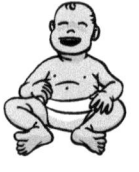

bebeluș

mtoto

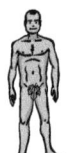

bărbat

mwanamume

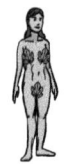

femeie

mwanamke

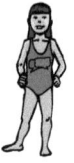

fată

msichana

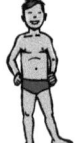

băiat

mvulana

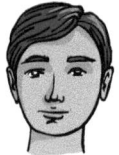

cap

kichwa

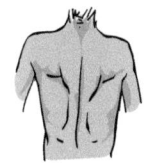

spate

nyuma

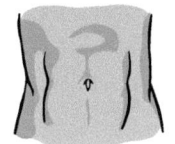

abdomen

tumbo

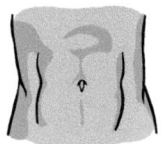

ombilic

kitovu

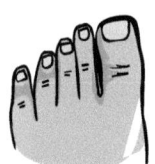

deget de la picior

chano

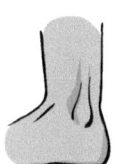

călcâi

kisigino

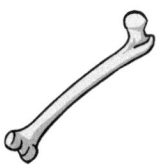

os

mfupa

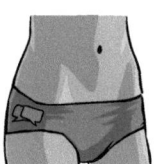

șold

nyonga

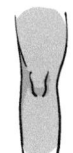

genunchi

goti

cot

kiwiko

nas

pua

fund

chini

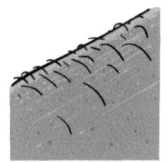

piele

ngozi

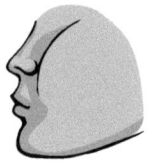

obraz

shavu

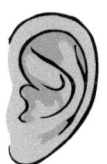

ureche

sikio

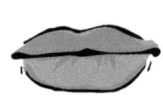

buză

mdomo

gură
..................
kinywa

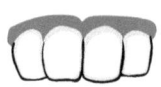

dinte
..................
jino

limbă
..................
ulimi

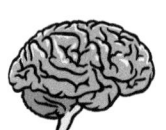

creier
..................
ubongo

inimă
..................
moyo

mușchi
..................
misuli

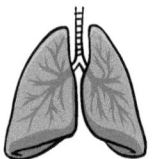

plămân
..................
pafu

ficat
..................
ini

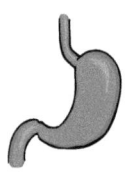

stomac
..................
tumbo

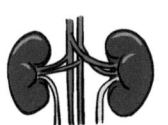

rinichi
..................
figo

sex
..................
jinsia

prezervativ
..................
kondomu

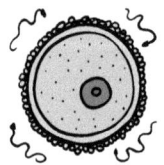

ovul
..................
ovari

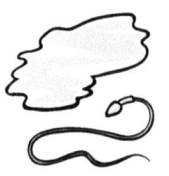

spermă
..................
shahawa

sarcină
..................
mimba

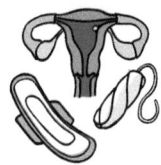

menstruație
··················
hedhi

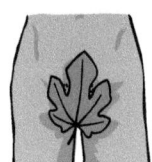

vagin
··················
uke

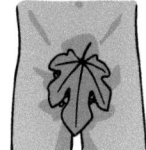

penis
··················
uume

sprânceană
··················
unyusi

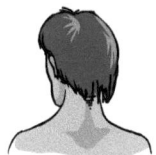

păr
··················
nywele

gât
··················
shingo

# spital
# hospitali

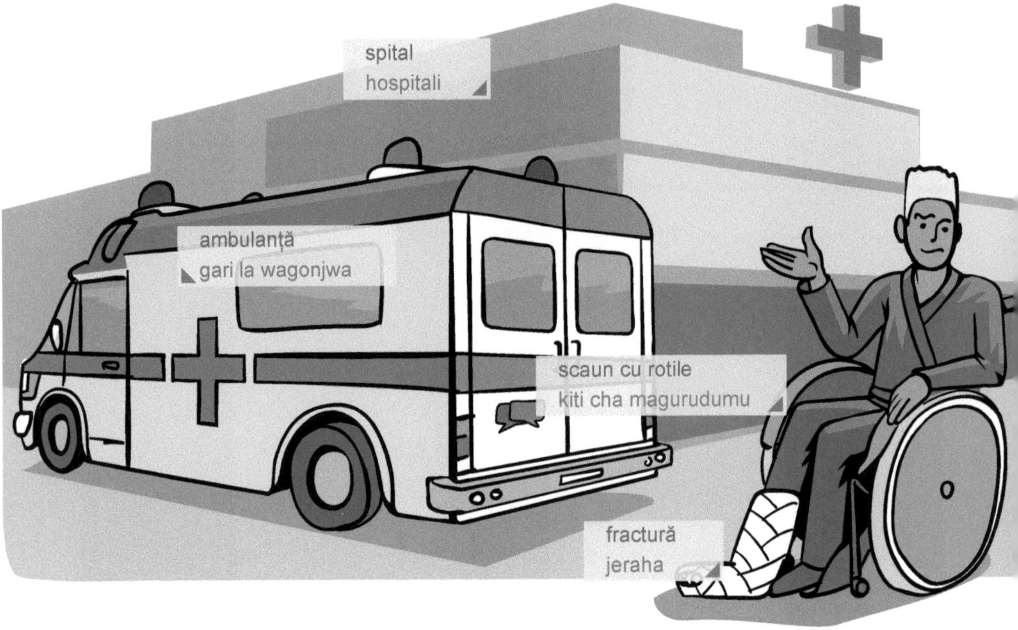

spital
hospitali
ambulanță
gari la wagonjwa
scaun cu rotile
kiti cha magurudumu
fractură
jeraha


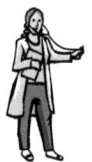

medic

daktari

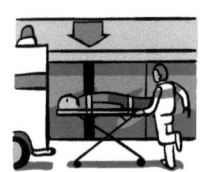

unitate de primiri urgențe

chumba cha dharura

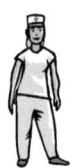

soră medicală

muuguzi

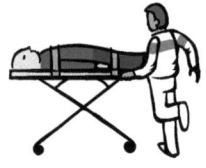

urgență

dharura

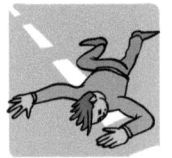

inconștient

kupoteza fahamu

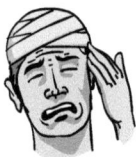

durere

maumivu

leziune

kuumia

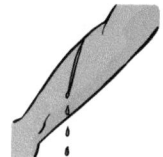

sângerare

kutokwa na damu

infarct miocardic

mshtuko wa moyo

atac cerebral

kiharusi

alergie

mzio

tuse

kikohozi

febră

homa

gripă

mafua

diaree

kuharisha

durere de cap

maumivu ya kichwa

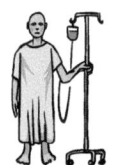

cancer

kansa

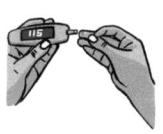

diabet

ugonjwa wa kisukari

chirurg

daktari mpasuaji

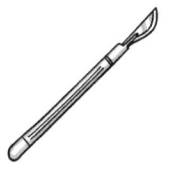

scalpel

kisu kidogo cha kupasulia

operaţie

operesheni

CT

picha changanufu ya mwili

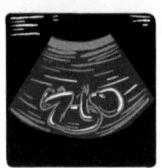

raze Röntgen

Eksrei

ultrasunet

mawimbi sauti

mască

barakoa ya uso

boală

ugonjwa

sală de așteptare

chumba cha kusubiri

cârjă

mkongojo

plasture

plasta

bandaj

bendeji

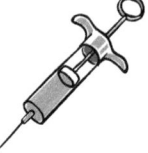

injecție

sindano

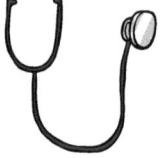

stetoscop

stetoskopu

targă

machela

termometru

kipimajoto cha kliniki

naștere

kuzaliwa

supraponderabilitate

unene kupita kiasi

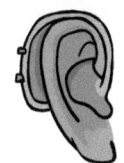

aparat auditiv

kusikia misaada

dezinfectant

kipukusi

infecție

maambukizi

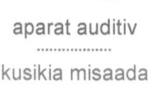

virus

virusi

HIV/SIDA

VVU / UKIMWI

medicină

dawa

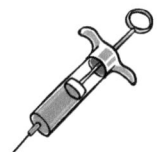

vaccin

chanjo

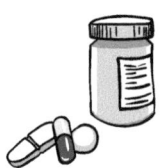

tablete

vidonge

pastilă

kidonge

apel de urgență

simu ya dharura

aparat de măsurare a presiunii arteriale

haemodainamometa

bolnav/sănătos

mgonjwa / mwenye afya

| |  |  |
|---|---|---|
| Ajutor! | alarmă | agresiune |
| Msaada! | kengele | pigo |

| 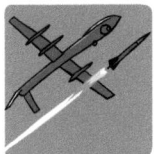 |  |  |
|---|---|---|
| atac | pericol | ieșire de urgență |
| shambulizi | hatari | lango la dharura |

| |  |  |
|---|---|---|
| Foc! | extinctor | accident |
| Moto! | kizima moto | ajali |

| 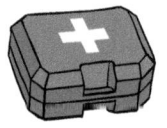 |  |  |
|---|---|---|
| trusă de prim-ajutor | SOS | poliție |
| vifaa vya huduma ya kwanza | wito wa msaada | polisi |

Europa

Ulaya

America de Nord

Amerika ya Kaskazini

America de Sud

Amerika ya Kusini

Africa

Afrika

Asia

Asia

Australia

Australia

Altantic

Atlantiki

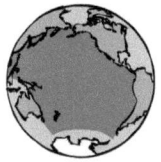

Pacific

Pasifiki

Oceanul Indian

Bahari ya Hindi

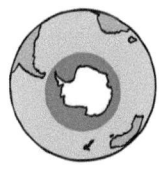

Oceanul Antarctic

Bahari ya Antaktiki

Oceanul Arctic

Bahari ya Aktiki

Polul Nord

Ncha ya Kaskazini

Polul Sud

Ncha ya Kusini

Antarctica

Antaktika

pământ

dunia

țară

nchi

mare

bahari

insulă

kisiwa

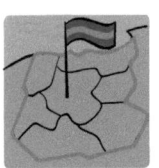

națiune

taifa

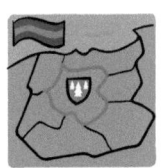

stat

jimbo

pământ - dunia

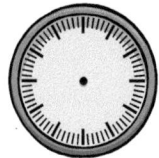

cadran

uso wa saa

orar

akrabu ya saa

minutar

akrabu ya dakika

secundar

akrabu ya sekunde

Cât e ceasul?

Ni saa ngapi?

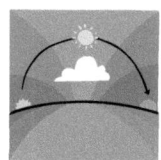

zi

siku

timp

wakati

acum

sasa

cead digital

saa ya dijitali

minut

dakika

oră

saa

# săptămână

## wiki

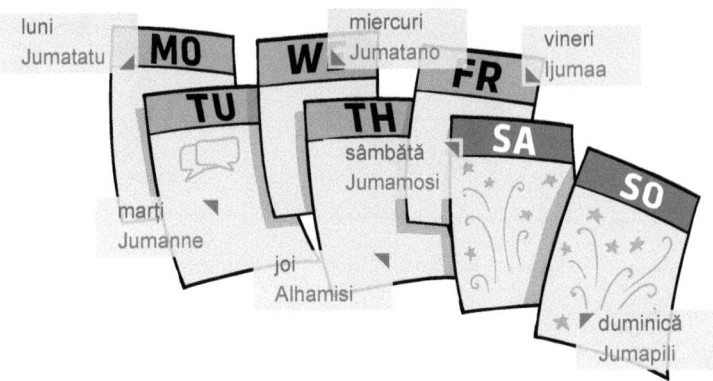

luni
Jumatatu

marți
Jumanne

miercuri
Jumatano

joi
Alhamisi

vineri
ljumaa

sâmbătă
Jumamosi

duminică
Jumapili

ieri

jana

azi

leo

mâine

kesho

dimineață

asubuhi

amiază

saa sita mchana

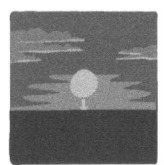

seară

jioni

| MO | TU | WE | TH | FR | SA | SU |
|----|----|----|----|----|----|----|
| 1 | 2 | 3 | 4 | 5 | 6 | 7 |
| 8 | 9 | 10 | 11 | 12 | 13 | 14 |
| 15 | 16 | 17 | 18 | 19 | 20 | 21 |
| 22 | 23 | 24 | 25 | 26 | 27 | 28 |
| 29 | 30 | 31 | 1 | 2 | 3 | 4 |

zile lucrătoare

siku za biashara

| MO | TU | WE | TH | FR | SA | SU |
|----|----|----|----|----|----|----|
| 1 | 2 | 3 | 4 | 5 | 6 | 7 |
| 8 | 9 | 10 | 11 | 12 | 13 | 14 |
| 15 | 16 | 17 | 18 | 19 | 20 | 21 |
| 22 | 23 | 24 | 25 | 26 | 27 | 28 |
| 29 | 30 | 31 | 1 | 2 | 3 | 4 |

week-end

mwishoni mwa wiki

# an

# mwaka

ploaie
mvua
curcubeu
upinde wa mvua
zăpadă
theluji
vânt
upepo
primăvară
majira ya machipuko
toamnă
vuli
vară
kiangazi
iarnă
majira ya baridi


4.APRIL 11°
5.APRIL 4°
6.APRIL 13°
7.APRIL 8°
8.APRIL 10°


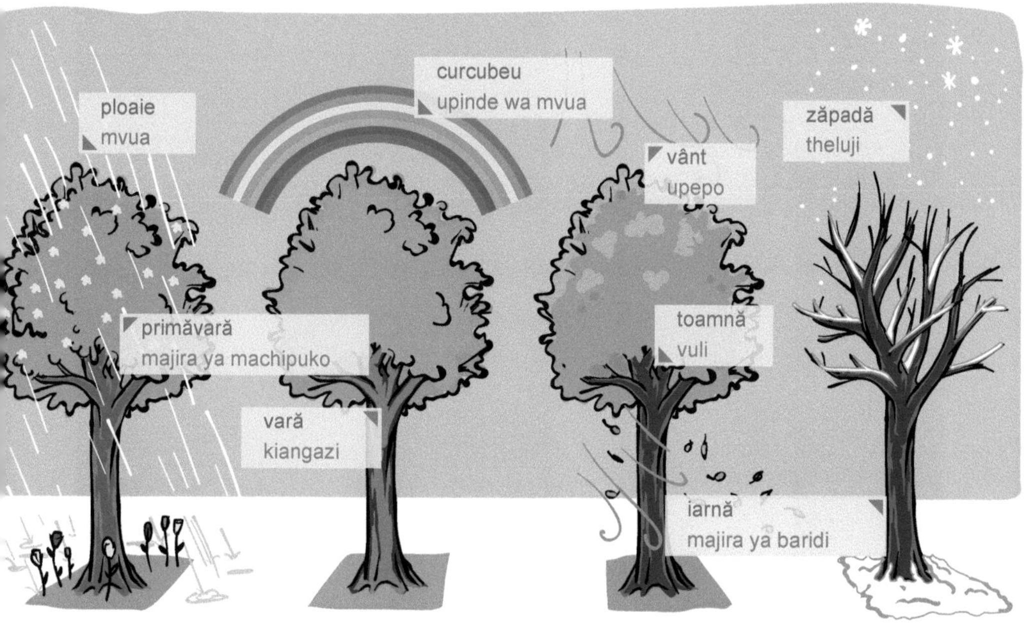

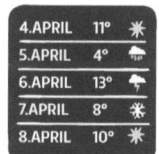

prognoză meteo

utabiri wa hali ya hewa

F
C
120
90
60
30
0
-30
40
30
20
10
0
-10
-20


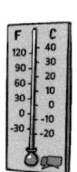

termometru

kipimajoto

lumina soarelui

mwanga wa jua

nor

wingu

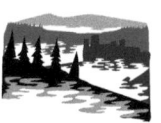

ceață

ukungu

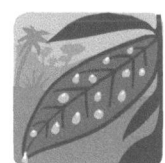

umiditate a aerului

unyevu

fulger

umeme

tunet

radi

furtună

dhoruba

grindină

mvua ya mawe

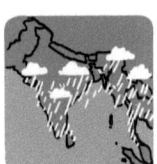

muson

monsuni

inundație

mafuriko

gheață

barafu

ianuarie

Januari

februarie

Februari

martie

Machi

aprilie

Aprili

mai

Mei

iunie

Juni

iulie

Julai

august

Agosti

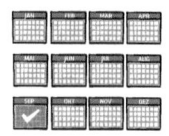

septembrie
...................
Septemba

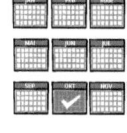

octombrie
...................
Oktoba

noiembrie
...................
Novemba

decembrie
...................
Desemba

# forme
## maumbo

cerc
...................
mduara

pătrat
...................
mraba

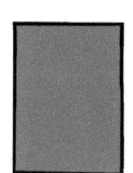

dreptunghi
...................
mstatili

triunghi
...................
pembetatu

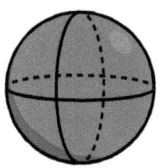

sferă
...................
nyanja

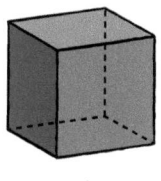

cub
...................
mchemraba

alb

nyeupe

galben

manjano

portocaliu

chungwa

roz

rangi ya waridi

roşu

nyekundu

violet

hudhurungi

albastru

bluu

verde

kijani

maro

hanja

gri

jivujivu

negru

nyeusi

mult/puţin

mengi / kidogo

furios/calm

hasira / pole

frumos/urât

nzuri / mbaya

început/sfârşit

mwanzo / mwisho

mare/mic

kubwa / ndogo

luminos/întunecat

angavu / giza

frate/soră

kaka / dada

curat/murdar

safi / chafu

complet/incomplet

kamilika / tokamilika

zi/noapte

siku / usiku

mort/viu

wafu / hai

lat/strâmt

pana / nyembamba

comestibil/necomestibil

kulika / kutolika

răy/prietenos

ovu / ema

emoţionat/plictisit

sisimkwa / udhika

gras/slab

nene / nyembamba

primul/ultimul

kwanza / mwisho

prieten/inamic

rafiki / adui

plin/gol

jaa / tupu

tare/moale

ngumu / laini

greu/uşor

nzito / nyepesi

foame/sete

njaa / kiu

bolnav/sănătos

mgonjwa / mwenye afya

ilegal/legal

haramu / kisheria

inteligent/stupid

akili / kijinga

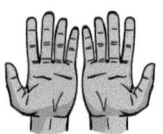

stânga/drepta

kushoto / kulia

aproape/departe

karibu / mbali

**nou/uzat**

mpya / kutumika

**nimic/ceva**

kitu / jambo

**bătrân/tânăr**

zee / changa

**pornit/oprit**

waka / zima

**deschis/închis**

wazi / fungwa

**încet/tare**

utulivu / kelele

**bogat/sărac**

tajiri / masikini

**corect/fals**

sahihi / kosa

**aspru/neted**

mbaya / laini

**trist/fericit**

huzunika / furahia

**lung/scurt**

fupi /ndefu

**încet/repede**

polepole / haraka

**ud/uscat**

nyevu / kavu

**cald/rece**

joto / baridi

**război/pace**

vita / amani

**0**

zero

sufuri

**1**

unu

moja

**2**

doi

mbili

**3**

trei

tatu

**4**

patru

nne

**5**

cinci

tano

**6**

șase

sita

**7**

șapte

saba

**8**

opt

nane

**9**

nouă

tisa

**10**

zece

kumi

**11**

unsprezece

kumi na moja

**12**

douăsprezece

kumi na mbili

**13**

treisprezece

kumi na tatu

**14**

paisprezece

kumi na nne

**15**

cincisprezece

kumi na tano

**16**

șaisprezece

kumi na sita

**17**

șaptesprezece

kumi na saba

**18**

optsprezece

kumi na nane

**19**

nouăsprezece

kumi na tisa

**20**

douăzeci

ishirini

**100**

o sută

mia

**1.000**

o mie

elfu

**1.000.000**

un milion

milioni

engleză

Kiingereza

engleză americană

Kiingereza cha Marekani

chineza mandarină

Kimandarini cha Uchina

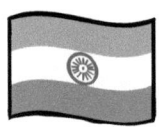

hindi

Kihindi

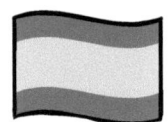

spaniolă

Kihispania

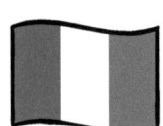

franceză

Kifaransa

arabă

Kiarabu

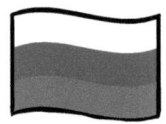

rusă

Kirusi

protugheză

Kireno

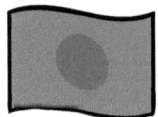

bengaleză

Kibengali

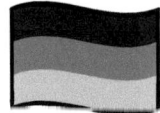

germană

Kijerumani

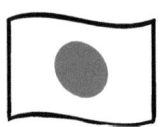

japoneză

Kijapani

eu
mimi

tu
wewe

el/ea
yeye / yeye / ni

noi
sisi

voi
wewe

ea
wao

cine?
nani?

ce?
nini?

cum?
jinsi gani?

unde?
wapi?

când?
lini?

nume
jina

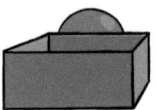

în spate

nyuma

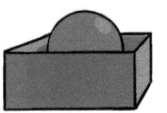

în

katika

înainte

mbele ya

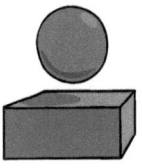

peste

juu ya

pe

kwenye

sub

chini ya

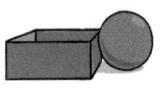

lângă

kando

între

kati

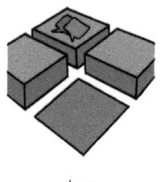

loc

mahali